Nur Mut, lass dich
nicht unterkriegen!

von ....

für ....

Bibliografische Information
Der Deutschen Bibliothek
Die Deutsche Bibliothek verzeichnet
diese Publikation in der Deutschen
Nationalbibliografie; detaillierte
bibliografische Daten sind im Internet
über http://dnb.ddb.de abrufbar.

Bildnachweis: S. 9, 13, 15, 17, 21, 25, 39: Getty
Images; S. 11: Brand X Pictures/Fotosearch Stock
Photography; S. 19: Fotex; S. 23, 37: Mauritius –
Die Bildagentur; S. 27: dpa Picture-Alliance; S. 29,
33, 45: Zefa; S. 31: Dieter Menne/Picture Press,
S. 43, 47: Manfred Rutz, Picture Press; S. 35:
Artografika/Krause-Wieczorek; S. 41: Tomeu
Ozonas/Age Fotostock.

Originalausgabe
Copyright by Egmont vgs
verlagsgesellschaft mbH, 2004
Alle Rechte vorbehalten

Redaktion: Alexandra Panz
Produktion: Susanne Beeh, Verena Tenzer
Umschlagfoto: Getty Images
Umschlaggestaltung, Layout
und Satz: Christa Marek, Köln
ISBN 3-8025-1640-0

www.vgs.de

Lass dich nicht unterkriegen!

Es gibt Tage, an denen rein
gar nichts so läuft wie geplant.
Der Bus fährt dir vor der Nase weg,
der Kiosk um die Ecke
schließt eine Minute, bevor
du eintriffst, dein Kaffee ergießt
sich über die Frühstückszeitung,
die Frisur sitzt nicht optimal,
und überhaupt scheint alles, was du
anpackst, schief zu gehen.

Gerade an solchen Tagen
möchte dich dieses Büchlein
daran erinnern, dass es
jemanden gibt, der zu dir hält
und dir sagt: Kopf hoch,
nur Mut, lass dich
nicht unterkriegen!

Wenn du alle deine Felle wegschwimmen siehst ...

Man wird nie neues Land entdecken,
wenn man immer das Ufer im Auge behält.

Unbekannt

... und du mit dem
　　　　　　Rücken zur
　　Wand stehst ...

In diesem Leben ist jeder mutig,
　　der nicht aufgibt.

Paul McCartney

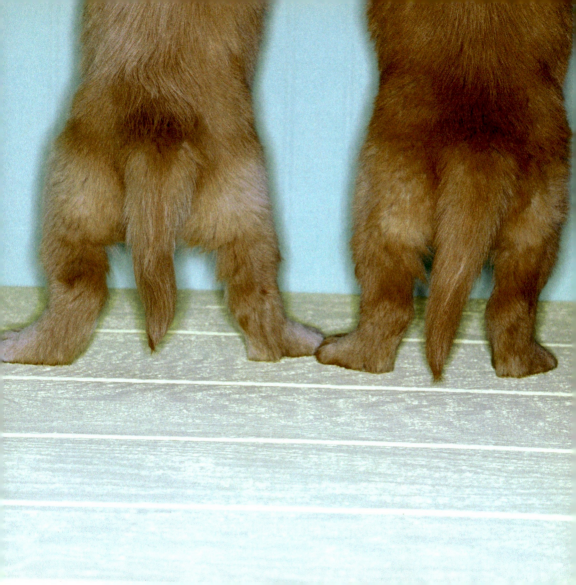

... dann sei nicht traurig
und verzagt ...

Schau der Furcht ins Auge,
und sie wird zwinkern ...

Russisches Sprichwort

... sondern vertraue darauf, dass
du im Kreis deiner Freunde
gut aufgehoben bist.

Die Zukunft hat viele Namen:
Für Schwache ist sie das Unerreichbare,
für die Furchtsamen das Unbekannte,
für die Mutigen die Chance.

Victor Hugo

Wenn du mal wieder
in der Klemme steckst
und weder vor noch
zurück weißt ...

Wer hohe Türme bauen will, muss
lange beim Fundament verweilen.

Josef Anton Bruckner

... leg erst einmal
    ein Päuschen ein und
überlege dir genau,
    was du tun willst.

Mache in deinem Leben all das,
was dir gefällt, wenn du der Meinung bist,
es bereichert selbiges!

Michael Adolph

Gemeinsam finden wir
bestimmt eine Lösung
für dein Problem.

Wessen wir am meisten im Leben bedürfen,
ist jemand, der uns dazu bringt,
das zu tun, wozu wir fähig sind.

Ralph Waldo Emerson

Denn du weißt ja:
In der Ruhe
  liegt die Kraft.

Mut beruht vor allem auf dem Willen,
ihn zu haben.

Ellen Key

Wenn du dir mal wieder selbst
eine Grube gegraben und mich
 in den Schlamassel mit
hineingezogen hast ...

Die Welt macht dem Platz,
 der weiß, wohin er geht.

Ralph Waldo Emerson

... du deine letzte
Auseinandersetzung nach
Punkten verloren hast ...

Sei du selbst die Veränderung,
die du dir wünschst für diese Welt.

Mahatma Gandhi

... und du etwas verdutzt
aus der Wäsche schaust ...

Es ist nicht genug zu wissen,
man muss auch anwenden.
Es ist nicht genug zu wollen,
man muss auch tun.

Johann Wolfgang Goethe

... dann lass dich
nicht hängen ...

Die Grenzen des Möglichen lassen
sich nur dadurch bestimmen,
dass man sich ein wenig über sie
hinaus ins Unmögliche wagt.

Arthur Clarke

... sondern versuche es
einfach noch einmal
von vorne.

Spreize deine Flügel, und du wirst sehen:
Dein Schicksal wird unter deiner
Kontrolle stehen.

David Coverdale

Auch wenn du den Mund
 mal wieder zu weit
aufgemacht hast ...

Vollendete Tapferkeit besteht darin,
ohne Zeugen zu tun, was man vor
 aller Welt zu tun vermöchte.

François de La Rochefoucauld

... dir der Schuh, den du
dir angezogen hast,
ein bisschen zu groß ist ...

Der Mutige erschrickt nach
der Gefahr, der Furchtsame vor ihr
und der Feigste in ihr.

Jean Paul

... und du dich
　　　　ganz verloren,
ja allein, auf der Welt ...

Das Rechte erkennen und
nicht tun ist Mangel an Mut.

Konfuzius

... und etwas
deprimiert fühlst ...

Stets habe ich so gehandelt,
dass Mut zum Handeln und
nicht Verzagtheit
die Folge sein sollte.

Carl Friedrich von Weizsäcker

... dann lass die Ohren
nicht hängen, sondern lach
dem Leben ins Gesicht ...

Ohne den Mut verkleinern zu wollen,
mit dem manche ihr Leben geopfert haben,
sollten wir auch jenen Mut nicht vergessen,
mit dem andere ihr Leben gelebt haben.

John F. Kennedy

... und vertrau
deinen Freunden.
Sie werden dir aus
der Patsche helfen ...

Damit das Mögliche entsteht,
muss immer wieder das Unmögliche
versucht werden.

Hermann Hesse

... denn du weißt ja:
Wie man in den Wald
hineinruft, so schallt es
auch wieder heraus.

Mut ist nichts anderes als Angst,
die man nicht zeigt.

Sergio Leone

Lass dich nicht unterkriegen!

Um dich wieder
aufzuheitern, werde ich